1. Lesestufe

Cally Stronk • Saskia Hula

Die besten Leseraben-Schulgeschichten

Mit Bildern von Sandra Reckers
und Dominik Rupp

Ravensburger

Bibliografische Information der Deutschen Nationalbibliothek:

Die Deutsche Nationalbibliothek verzeichnet diese Publikation
in der Deutschen Nationalbibliografie.
Detaillierte bibliografische Daten sind im Internet
über http://dnb.d-nb.de abrufbar.

1 3 5 4 2

Ravensburger Leserabe
Diese Ausgabe enthält die Bände
„Theo und der Mann im Ohr. Eine Schul-Mutmach-Geschichte"
von Cally Stronk mit Illustrationen von Sandra Reckers,
„Ein Nilpferd in der Badewanne" von Saskia Hula
mit Illustrationen von Dominik Rupp
© 2018, 2015 Ravensburger Verlag GmbH

© 2024 Ravensburger Verlag GmbH
Postfach 2460, 88194 Ravensburg
für die vorliegende Ausgabe

Umschlagbild: Màriam Ben-Arab
Konzept Leserätsel: Dr. Birgitta Reddig-Korn
Printed in Germany
ISBN 978-3-473-46322-0

ravensburger.com
www.leserabe.de

Inhalt

Cally Stronk

Theo und der Mann im Ohr

Eine Schul-Mutmach-Geschichte

Mit Bildern von Sandra Reckers

Inhalt

Ein leerer Kopf

„Theo! Hallo! Schläfst du?
Was ist drei plus sechs?
Drei plus sechs, Theo!
Was ergibt das?"

Theo weiß es nicht.
Sein Kopf ist leer.

Und Theos Lehrerin brüllt.
Ihr Gesicht ist rot wie eine Tomate.

Und dann beginnt die Lehrerin
zu wachsen.
Sie wächst und wächst.
Bald ist sie so groß
wie drei Elefanten.
Und sieben Giraffen dazu.

Auch die Kinder starren Theo an.
Plötzlich fangen sie an zu lachen.

Oh nein!
Theo hat noch den Schlafanzug an.
Und seine Hausschuhe.
Wie peinlich!
Und das in der Schule!

„Theo! Aufwachen!",
hört er plötzlich Mamas Stimme.
Zum Glück hat Theo nur geträumt.

Doch dann sagt Mama:
„Aufstehen, du musst zur Schule!"

Aber Theo will nicht.
„Mama, ich muss im Bett bleiben.
Ich hab Fußweh, Nasenweh
und … äh … Schnupfhusten!",
sagt er schnell.

Mama schaut komisch
und legt ihre Hand auf Theos Stirn.

„Also, Fieber hast du nicht.
Theo, warum willst du nicht
in die Schule gehen?",
fragt Mama.

Theo will gerade den Mund aufmachen
und Mama alles erzählen.
Dass sein Kopf leer ist,
wenn die Lehrerin ihn etwas fragt.
Und dass die anderen Kinder
dann lachen.

Doch da klingelt Mamas Telefon.
„Das ist bestimmt jemand
von der Arbeit",
sagt Mama.

Mama geht telefonieren.
Auf einmal hört Theo
eine lustige Stimme:
„Warum willst du
nicht zur Schule?
Schule ist doch das Allerbeste!"

Theo sieht sich um.
Doch er kann
niemanden entdecken.

Der Mann im Ohr

„He, du! Ich bin hier drüben."

Die Stimme kommt vom Bücherregal.

Theo geht näher ran.

„Hier, huhu!"

Theo kneift die Augen zusammen.

Und schaut ganz genau hin.

Da!
Vor seinem Buch über Dinosaurier
steht ein winziges Männchen
und winkt.

Es ist gerade mal so groß
wie eine Ameise.
Und trägt einen Anzug.
„Wer bist du denn?", staunt Theo.

„Ich bin
Peppino Furzius von Schlabber!",
sagt das winzige Männchen
und verbeugt sich höflich.

„Stets zu deinen Diensten.
Ich bin von Beruf Vorsager.
Ich weiß alles!",
sagt Peppino stolz.

„Ich bin Theo", sagt Theo.
„Du weißt alles?
Auch, was drei plus sechs ist?"

Das Männchen nickt.
„Ich kenne das gesamte Wissen
von Z bis A … äh …
ich meine von A bis Z."

„Das ist ja super!", ruft Theo.
„Und wie genau funktioniert das
mit dem Vorsagen?"

„Wenn du es mir erlaubst,
setze ich mich in dein Ohr
und flüstere dir die Antworten zu.
Wie sagt man noch mal so schön?
Der kleine Mann im Ohr
sagt meistens, oft und immer
alles richtig vor!"

„Juhu! So kann ich in der Schule
alle Fragen beantworten",
ruft Theo aufgeregt.
„Ich erlaube es dir!"

Theo blinzelt einmal
und schon ist der kleine Mann
verschwunden.
In Theos Ohr kitzelt es ein bisschen.

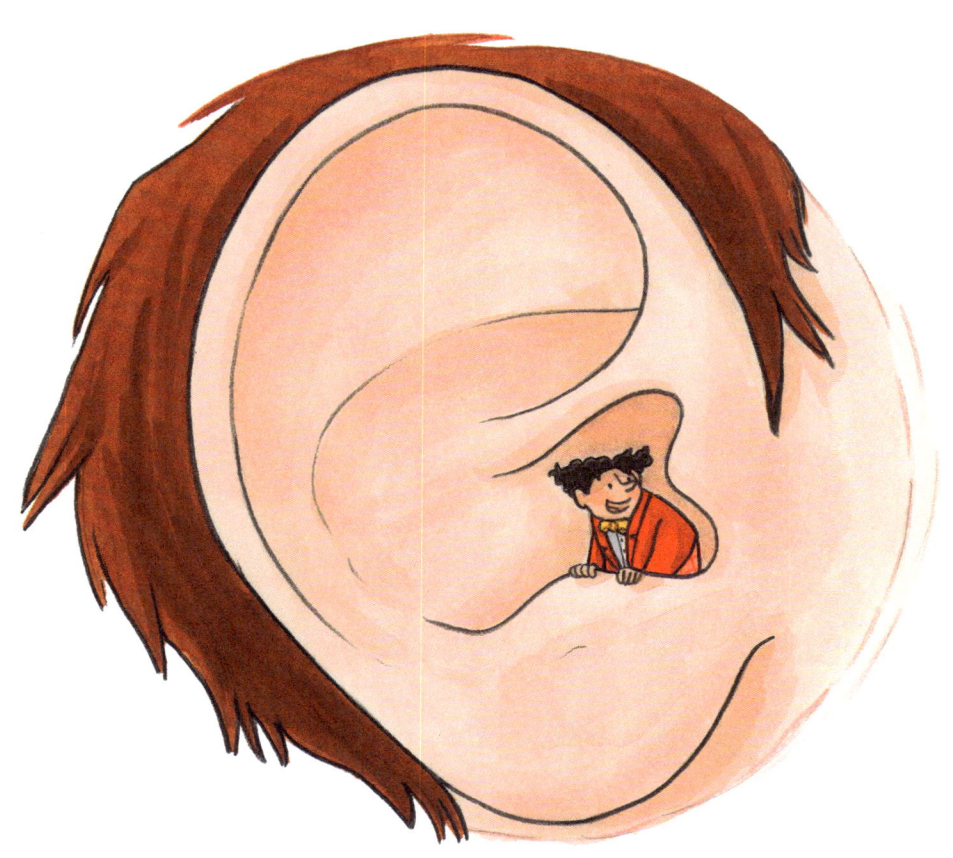

Plötzlich hört er Peppinos Stimme
direkt in seinem Ohr:
„Theo, hörst du mich?
Theo, bitte kommen!"

„Ja, ich höre dich. Das ist ja irre!"
Theo lacht.

Im selben Moment ruft Mama:
„Theo, es gibt Frühstück!"
„Ich bin gleich da!",
ruft Theo zurück.

Alles anders

Als Theo in die Küche kommt,
wundert sich Mama.
„Theo, du strahlst ja so!
Ist dein Fuß-Nasen-Schnupfhusten
verschwunden?"

Theo grinst.
„Ja, und ich hab großen Hunger!"
Schnell schnappt er sich
ein Brot mit Schokocreme drauf.

Auf dem Weg zur Schule
pfeift Theo ein Lied.
In seinem Ohr singt Peppino dazu.
„Schubi dubi duuuu,
quacki kacki ohoooo …“

In der Schule kann Theo heute
jede Frage beantworten.

Sobald die Lehrerin
etwas wissen will,
flüstert Peppino die Antwort
in Theos Ohr.

Peppino weiß wirklich alles.
Mit seiner Hilfe kann Theo
ganz viele Wörter
ohne Fehler schreiben.
Er kann bis hundert zählen.
Und die Uhr lesen.

„Sehr gut, Theo!",
sagt die Lehrerin
und lächelt.

Jetzt hat Theo
nicht einmal mehr Angst
vor dem Test am Freitag.

Der Test

Diese Woche macht Theo
die Schule richtig Spaß.

Jeden Morgen pfeifen und singen
Theo und Peppino zusammen:
„Schubi dubi duuuu,
quacki kacki ohoooo …"

Dann ist es Freitag.

Theo wacht ganz früh auf.

„Peppino, bitte kommen!", ruft er.

Wie jeden Morgen.

Doch heute bekommt er

keine Antwort.

„Peppino? Bist du da? Hallo!"
Theo hört nur ein leises Niesen.
„Hatschi!", macht Peppino.
„Peppino! Was ist los mit dir?"

„Oh, Leo … äh … Theo,
ich kann heute gar nicht denken.
Ich bin … wie sagt man noch mal?
Ach ja: Ich bin ein Schrank …
äh … ich bin krank."

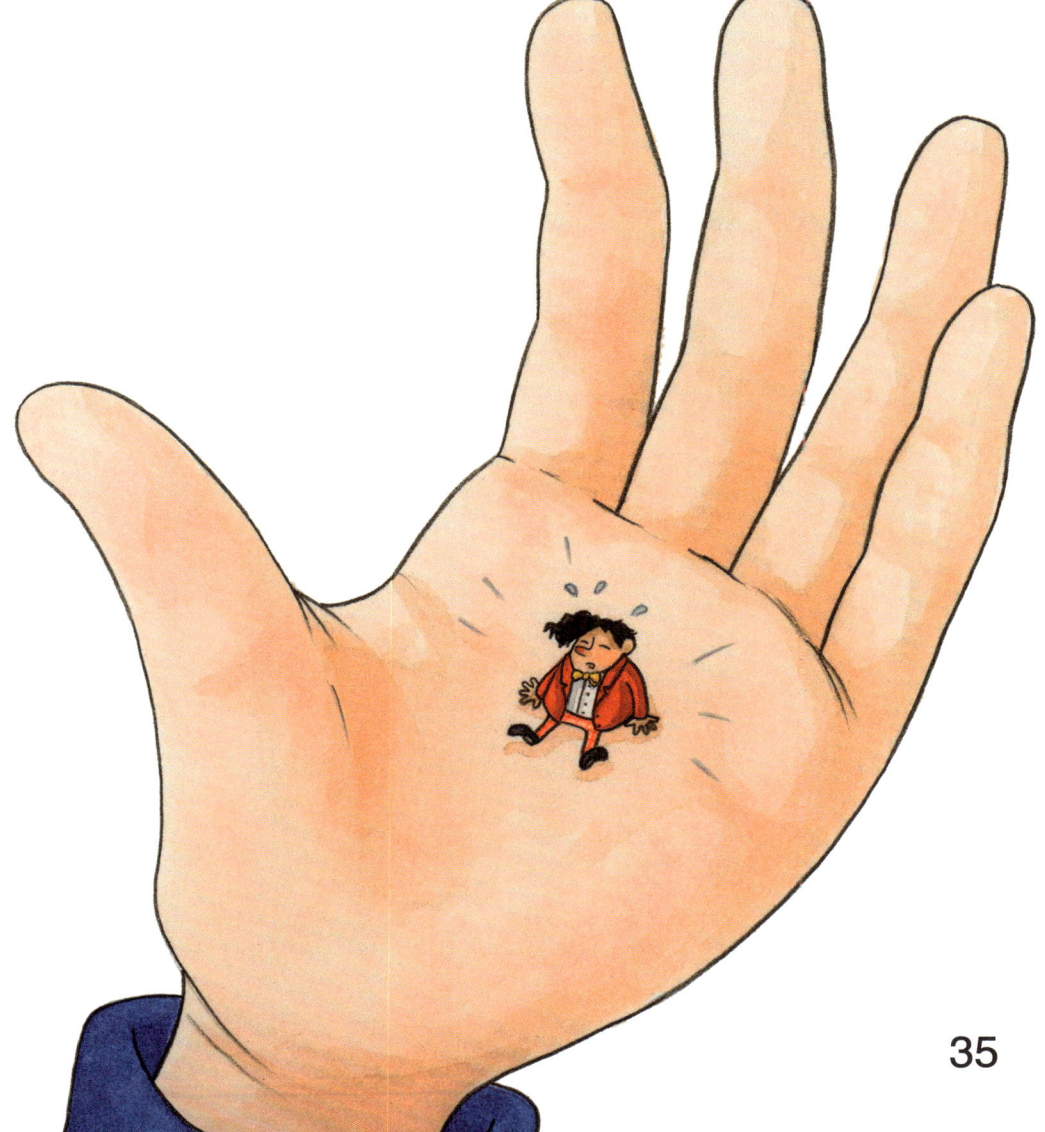

Theo bekommt einen Schreck.
„Aber heute schreiben wir doch
den Test!
Du darfst nicht krank sein!"

„Ein Fest? Ach so … der Test.
Klar bin ich dabei,
stets zu meinen …
äh … deinen Diensten",
erklärt Peppino.
Und putzt sich die Nase.

TRÖÖÖT

In der ersten Stunde haben sie
Sachunterricht.
Die Lehrerin steht an der Tafel.
Und strahlt Theo an.

„Theo, du weißt es doch:
Welcher war der größte Dinosaurier?
Und was war sein Gewicht?"

Theo hört Peppino in seinem Ohr:
„Der größte Dinosaurier
und ein Gedicht?
Kein Problem!"

Und dann plappert Theo einfach nach,
was der kleine Mann ihm zuflüstert.

Mit lauter Stimme trägt er vor:

„Der … äh … Poposaurus Rex,
der frisst nur ein Gewächs:
Die Erdbeer-Kirsch-Kartoffeln
mit Senf und drei Pantoffeln.
Die schmecken ihm so gut.
Auch wenn er danach pupsen tut.
Kikeriki, Wuffwuff, Miau!"

Erst als Theo fertig ist,
wird ihm klar,
was er da eigentlich gesagt hat.

Kurz ist es ganz still im Raum,
dann fängt die ganze Klasse an,
laut zu lachen.

Theo wird rot.
Das gibt bestimmt Ärger.

Doch da lacht auch die Lehrerin
und sagt:
„Das war ja ein schöner Spaß,
dein Gedicht!
Jetzt machen wir eine kurze Pause,
danach schreiben wir den Test."

Theo seufzt.

„Peppino, das mit dem Test
mache ich heute lieber alleine!",
flüstert er.

Doch da ist Peppino
schon wieder eingeschlafen.

Die Lehrerin verteilt die Aufgaben.
und lächelt Theo dabei zu.

Doch plötzlich ist sie wieder da:
Theos Angst.
Die Zahlen verschwimmen
vor seinen Augen.
Theo weiß gar nichts mehr,
genau wie in seinem Albtraum.

„Schubi dubi duuuu,
quacki kacki ohoooo …",
hört Theo plötzlich in seinem Ohr.

Peppino?
Nein. Der schläft. Und schnarcht.

Es ist ein Ohrwurm:
eine Melodie,
die man nicht vergessen kann.

Und da weiß Theo es wieder:
Drei plus sechs ist natürlich neun.

Leserabe

Leserätsel

Rätsel 1 | **Seltsam, seltsam**

Welches Wort stimmt? Kreuze an!

Peppino ist
- ○ wichtig.
- ○ winzig.
- ○ wild.

Theo ruft: „Peppino, bitte
- ○ kommen".
- ○ kichern".
- ○ kullern".

Theo bekommt einen
- ○ Schrank.
- ○ Schatz.
- ○ Schreck.

Rätsel 2 | **Zahlen, Zahlen**

Findest du die richtige Seite?
Trage die Zahl ein!

Auf Seite ____ steht ein Mal **Tomate**.

Auf Seite ____ steht ein Mal **Frühstück**.

Auf Seite ____ steht ein Mal **Tafel**.

Kreuz und quer

Fülle die Kästchen aus!
Schreibe Großbuchstaben:
Ohr ➜ OHR

Saskia Hula

Ein Nilpferd in der Badewanne

Mit Bildern von Dominik Rupp

Inhalt

Willi hat es schwer

Seit Willi in die Schule geht,
hat er es schwer.

Jeden Tag muss er früh aus
dem Bett.

In der Schule muss er still sitzen.

Wenn er etwas sagen will,
muss er warten,
bis er aufgerufen wird.

Er muss gerade Striche zeichnen
und bunte Kreise malen.

Er muss singen und tanzen,
auch wenn er keine Lust hat.
Das ist richtig blöd.

Willis Lehrerin heißt Frau Klaps.
Sie ist nicht sehr lustig.

Das Wichtigste für Frau Klaps ist,
dass alle Kinder brav
in einer Zweierreihe gehen.

Dass alle Kinder
nur Gesundes essen.

Und dass die Hefte sauber sind.
Für Willi ist das nicht so wichtig.

In Willis Klasse sind 23 Kinder.
Manche heißen Lukas
und manche Benni.

Aber wer Lukas ist und wer Benni,
das weiß Willi noch nicht.

Neben Willi sitzt keiner.
Nur ein leerer Platz ist da.

Das ist sehr langweilig,
findet Willi.
Und ein bisschen traurig
ist es auch.

Am dritten Schultag will Willi
nicht mehr in die Schule gehen.
Er möchte lieber Lego spielen.
Oder Dinoforscher.

Eine Mondrakete
aus Klorollen bauen.
Oder im Park Roller fahren.

Ein Nilpferd in der Badewanne

Leider muss Willi
trotzdem in die Schule,
ob er will oder nicht.

Missmutig schlurft Willi
ins Badezimmer.

60

Er nimmt seine Zahnbürste
und drückt Zahnpasta darauf.
„Nicht so viel", sagt eine Stimme.

Willi dreht sich um.
In der Badewanne sitzt ein Nilpferd.

Ein lila Nilpferd
mit einer rosa Duschhaube
auf dem Kopf.

Willi macht die Augen zu
und wieder auf.
Aber das Nilpferd ist noch immer da.

„Hast du was mit den Augen?", fragt es.
„Du blinzelst so komisch."

„Was machst du da?", fragt Willi.
Das Nilpferd greift zur Seife.
„Ich mache mich fertig",
sagt es. „Für die Schule."

Es seift sich die Beine ein,
dass es nur so schäumt.
Dann duscht es sich ab.

Es springt aus der Badewanne
und wickelt sich
in ein rotes Badetuch.

„Wir können gehen!",
ruft das Nilpferd
und nimmt seine Tasche.

„Du willst in die Schule?",
fragt Willi. „Warum das denn?"

Das Nilpferd lacht.
„Ich will schreiben und lesen
und rechnen
und neue Freunde finden!"

Na, da wird es sich aber wundern,
denkt Willi.
So lustig ist die Schule
wirklich nicht.

Aber das Nilpferd
geht trotzdem mit.
Es bleibt brav an der
roten Ampel stehen.

Es wartet brav vor der Schule,
bis es läutet.
Dann stapft es neben Willi
die Treppe hinauf.

Ein Nilpferd in der Schule

Das Nilpferd möchte natürlich
neben Willi sitzen.

Es quetscht sich
auf den kleinen Stuhl.
Der Stuhl knarrt.
Der Tisch wackelt.

„Ganz schön eng hier",
stöhnt das Nilpferd.
„Wann geht es endlich los?"

Da kommen auch schon
die anderen Kinder.
Lukas und Benni
und wie sie alle heißen.

„Ein Nilpferd!", rufen sie.
„Neben Willi sitzt ein Nilpferd!"

Das Nilpferd freut sich.
Es gibt allen Kindern die Hand.

Frau Klaps kommt auch.

„Wer fehlt?", fragt sie.

„Keiner", sagt das Nilpferd.

„Aber ich bin neu hier!"

Frau Klaps runzelt die Stirn.

„Neu?", fragt sie.

„Dann wollen wir mal hoffen,

dass du brav bist!"

„Aber ja", sagt das Nilpferd.
„Ich kann sehr brav sein,
wenn ich will!"

Es greift in seine Tasche
und holt einen Sack
mit Erdnüssen heraus.

Knack, knack macht das Nilpferd
mit den Erdnüssen
und schmatz schmatz.

„So geht das aber nicht!",
sagt Frau Klaps böse.
Sie nimmt dem Nilpferd
die Erdnüsse weg.

„Hefte heraus!", sagt sie.
„Wir lernen jetzt sofort
einen neuen Buchstaben."

Der neue Buchstabe ist das N.
„Wer weiß ein Wort mit N?",
fragt Frau Klaps.

„Nilpferd!", schreit das Nilpferd.

„Das gilt nicht", sagt Frau Klaps.

„Du hast nicht aufgezeigt."

Das Nilpferd schaut böse.

„Wer weiß noch ein Wort mit N?",
fragt Frau Klaps.

Das Nilpferd hebt seinen
dicken Fuß.
„Nashorn!", schreit es.

Frau Klaps schüttelt den Kopf.
„Das gilt auch nicht", sagt sie.
„Du musst warten,
bis ich dich drannehme!"

Jetzt hat das Nilpferd aber
keine Lust mehr, brav zu sein!

Wo ist dieses schlimme Nilpferd?

Das Nilpferd schreibt keine
schönen N ins Heft.
Es malt lieber kleine Nilpferde.

Es spitzt seine Buntstifte nicht.
Es wirft sie durch die Klasse.

In der Pause isst es Chips
und trinkt es Cola.
Und beim Rechnen streckt es
Frau Klaps die Zunge raus!

„Jetzt ist es aber genug!",
ruft Frau Klaps und läuft
aus der Klasse.

Das Nilpferd lacht nur.
Es baut einen Turm
aus allen Tischen und Stühlen.

Es verteilt Kaugummis
an alle Kinder.

Und es dreht die Musik
ganz laut auf, damit alle
wild tanzen können.

Da kommt Frau Klaps
mit dem Direktor zurück.
Sie will dem Direktor
das schlimme Nilpferd zeigen.

Zuerst dreht sie die Musik ab.
Jetzt ist es ganz still.
„Wo ist dieses schlimme Nilpferd?",
fragt Frau Klaps streng.

Aber das Nilpferd ist nicht da.
Der Direktor seufzt.

„Das habe ich mir gleich gedacht",
sagt er. „Ein Nilpferd in der Schule,
das gibt es doch gar nicht."

Willi wundert sich.
Das Nilpferd ist einfach weg.

Seine Tasche, die Erdnüsse,
die Chips und die Cola
hat es auch mitgenommen.

Nur in Willis Heft,
neben den vielen N,
ist ein kleines Nilpferd zu sehen.

„Schade, dass es weg ist",
sagt da jemand neben ihm.
Benni oder Lukas vielleicht.

„Stimmt", sagt Willi.
„Jetzt ist der Platz wieder leer."

„Soll ich mich zu dir setzen?",
fragt Benni oder Lukas
und stellt sein Namensschild
gleich auf Willis Tisch.

„Klar", sagt Willi. „Gern."
Jetzt muss er nur noch lesen lernen,
damit er weiß,
wer neben ihm sitzt.

Leserabe
Leserätsel

Rätsel 1 — **Seltsam, seltsam**

Welches Wort stimmt? Kreuze an!

Willi will Mondraketen
- ○ brummen.
- ○ bauen.
- ○ basteln.

Die Lehrerin heißt Frau
- ○ Klops.
- ○ Klips.
- ○ Klaps.

Das Nilpferd gibt allen Kindern die
- ○ Hose.
- ○ Hand.
- ○ Hunde.

Rätsel 2 — **Zahlen, Zahlen**

Findest du die richtige Seite?
Trage die Zahl ein!

Auf Seite ___ steht ein Mal **Dinoforscher**.

Auf Seite ___ steht drei Mal **Nilpferd**.

Auf Seite ___ steht zwei Mal **Erdnüsse**.

Kreuz und quer

Fülle die Kästchen aus!
Schreibe Großbuchstaben:
Nilpferd ➜ NILPFERD

Leserabe
Rabenpost

Rätsel für die Rabenpost

Fülle die Lücken aus. Trage die Buchstaben in die richtigen Kästchen ein. So findest du das Lösungswort für die Rabenpost heraus!

Mama fühlt Theos

| S | | 2 | | |

. (Seite 15)

Peppino ist so groß wie eine

| | M 3 | | | |

. (Seite 19)

Ein Nilpferd sitzt plötzlich in der

| B | | | | W | 1 | N | |

. (Seite 61)

Das Nilpferd knackt in der Schule

| | 4 | 5 | | Ü | S | S | |

. (Seite 73)

Lösungswort

| 1 | 2 | L | P | F | 3 | 4 | 5 |

Hast du das Lösungswort herausgefunden?
Dann kannst du jetzt tolle Preise gewinnen.

Gib das Lösungswort auf der  Leserabe -Website
www.leserabe.de ein oder
schick es mit der Post
an folgende Adresse:

An den Leseraben
Rabenpost
Postfach 2007
88190 Ravensburg
Deutschland

Lösungswort

An
den LESERABEN
RABENPOST
Postfach 2007
88190 Ravensburg
Deutschland

**Bitte frage
deine Eltern!***

Leichter lesen lernen mit der Silbenmethode

ISBN 978-3-473-**46230**-8*
ISBN 978-3-619-**14603**-1**

ISBN 978-3-473-**46275**-9*
ISBN 978-3-619-**14341**-2**

ISBN 978-3-473-**46194**-3*
ISBN 978-3-619-**14452**-5**

ISBN 978-3-473-**46193**-6*
ISBN 978-3-619-**14602**-4**

ISBN 978-3-473-**46231**-5*
ISBN 978-3-619-**14344**-3**

ISBN 978-3-473-**46274**-2*
ISBN 978-3-619-**14606**-2**

ISBN 978-3-473-**38556**-0*
ISBN 978-3-619-**14609**-3**

ISBN 978-3-473-**38553**-9*
ISBN 978-3-619-**14447**-1**

ISBN 978-3-473-**38568**-3*
ISBN 978-3-619-**14481**-5**

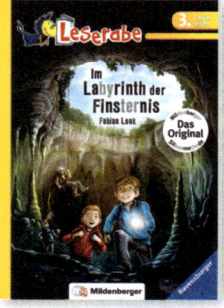

ISBN 978-3-473-**38565**-2*
ISBN 978-3-619-**14480**-8**

** **Gebundene Ausgabe** bei Mildenberger • **Broschierte Ausgabe** bei Ravensburger

ERZ 23 004

Mit Rätseln zum Leseprofi!

ISBN 978-3-473-48962-6

ISBN 978-3-473-48986-2

ISBN 978-3-473-48987-9

ISBN 978-3-473-48961-9

ISBN 978-3-473-48944-2

ISBN 978-3-473-48988-6

ISBN 978-3-473-48989-3

ISBN 978-3-473-48940-4

Lesen lernen wie im Flug!

In drei Stufen vom Lesestarter zum Leseprofi

Vor-Lesestufe
Ab Vorschule

Angstfrei arbeiten

Selbstbewusst und souverän im Job

Bettina Stackelberg

1. Lesestufe
Ab 1. Klasse

2. Lesestufe
Ab 2. Klasse

ERZ 23 008